Este libro es un regalo para…

de…

Todas las ilustraciones de este libro son obras originales pintadas por Verónica Lake en su estudio de Portland, Oregon a base de acuarelas de grado profesional en papel Arches de 140 libras. Cada una de las acuarelas está disponible para la venta como una impresión Giclée de edición limitada sobre papel de acuarela, lienzo, o bastidor de madera.

Por favor visite el sitio web de Verónica: www.impressionsbyveronica.com para adquirir sus obras de arte, ordenar copias adicionales del libro, o para inscribirse en sus clases de arte. También puede contactar a Verónica por correo electrónico: hushabook@gmail.com o por Facebook: Facebook @Impressionsbyveronica.

Letra escrita por Marilyn Hubler
Arreglos por Erik Wright

Un agradecimiento especial para Elena Frazier, Gaby Viesca, y Nelly Díaz por el trabajo meticuloso de crear una traducción al español acertada.

Se utilizó la Nueva Versión Internacional como referencia para todas las escrituras incluídas.
Derechos Reservados © 1986 por Zondervan. Todos los derechos reservados. Usada con permiso.

Diseñado por Anneli Anderson, designanneli.com

Impreso en los Estados Unidos de América.

ISBN-13: 978-1719177429

**Este libro está dedicado a
los maravillosos padres y niños que
ayudaron a hacerlo posible.**

Brian y Jolene Bickle
(y su hija Katrina)

Scott y Seana Brewer
(y sus hijos Joseph y Audrey)

Chris y Catie Cambridge
(y su hijo Andrew)

Mark y Rachel Heath
(y su hija Lydia)

Mitica y Daniela Leontescu
(y su hijo Eliav)

John y Bethany Opferman
(y su hija Aubrey)

Mark y Christie Sherman
(y su hija Penelope)

Joe y Janet Thomas
(y su hija Priscilla)

Ben y Katie Walker
(y sus hijos Timothy y Naomi)

Erik y Amber Wright
(y su hija Chanan)

Un agradecimiento especial también a…

…¡un sin fin de personas alentadoras en mi vida! Su afirmación amorosa y confianza en mí me motivaron a continuar. En especial, me gustaría agradecer a Marilyn Hubler por creer en mí desde el inicio. Su visión para este libro me permitió soñar en grande, además de que se encargó de coordinar una vasta selección de niños para fotografiar. Suzanne Frey caminó a mi lado a cada paso del camino, y fue una estupenda mentora y amiga. Las fotografías de Crystal Pettit fueron particularmente apreciadas cuando necesité unas cuantas imágenes más y ella las facilitó. Quiero agradecer también a mi amado esposo Allen y al esposo de Marilyn, Craig, las manos estupendas de ambos ayudaron a asemejar las manos de Dios sosteniendo a estos hermosos niños. Pero, sobretodo, quiero darle el tributo a mi Señor y Salvador, Jesucristo. Él me guió a través de incontables horas en las que escuché Su dirección con cada retrato, cada palabra escrita, y cada versículo. Jamás hubiera imaginado que una simple artista de paisajes tendría la destreza de llevar a cabo este libro - sin embargo, con Dios TODO es posible… ¡incluso esto!

Lee este hermoso libro a tu hijo o nieto
utilizando el texto más grande de color azul.
Descarga la música de manera gratuita en:

https://erik-wright.bandcamp.com/releases

Todos somos muy parecidos a los niños por dentro.

Por fuera aparentamos ser adultos maduros que pueden hacerse cargo

de sus propias vidas, sin embargo, cuando nos sucede alguna desgracia

rápidamente nos damos cuenta que nos sentimos tan vulnerables y tristes

como un pequeñito. Todos queremos encontrar seguridad, amor, y paz.

¿Por qué no tratar de encontrarlos en Aquel que mejor nos conoce?

Toma asiento en tu silla favorita y lee estas palabras
que la autora tiene para ti. Date el tiempo
de encontrar descanso para tu alma.

*"Guarda silencio ante el SEÑOR,
y espera en él con paciencia."*

SALMOS 37:7

Descansa

Un Cuento Para Ti y Para Tu Hijo

Escrito e Ilustrado por

Veronica Lake

Ya chiquito,
no llores.

¿Alguna vez te has sentido así?

Yo sí. Me consuela saber que los ojos de Dios

siempre están puestos en mí

y que Él es un Dios compasivo.

"El gran amor del SEÑOR nunca se acaba,
y su compasión jamás se agota.
Cada mañana se renuevan sus bondades;
¡muy grande es su fidelidad!

LAMENTACIONES 3:22-23

Tu Padre que está en el cielo está a tu lado.

Descansar en el Señor no es una actividad pasiva; es algo que se logra únicamente cuando lo buscamos intencionalmente. Es una decisión que debemos tomar. ¿Es Dios lo suficientemente confiable como para que acudas a Él? ¿Realmente te ama? Yo creo que la respuesta es "sí." Si no estás seguro de ello, pídele a Dios que se revele a Sí mismo. Recuerda todas las maneras en las que Él te ha cuidado y bendecido, mantente firme en ello, y CREE. Es posible que no todas tus peticiones sean contestadas con un "sí", sin embargo, Él ha prometido disponer todas las cosas para tu bien. (Romanos 8:28) Descansa en las promesas que Él te ha dado. Esto es lo que dice Dios:

"No temas,
que yo te he redimido;
te he llamado por tu nombre;
¡tú eres mío!"

ISAÍAS 43:1B

Él te conoce desde antes que nacieras; Él hizo un lugar para ti en la tierra.

⁓

"Tú creaste mis entrañas; me formaste en el vientre de mi madre. ¡Te alabo porque soy una creación admirable!"

SALMOS 139:13-14

Si tú y yo fuimos formados por las manos amorosas de Dios, no puede haber falla alguna en nosotros. Conocer la verdad respecto al cuidado con el que Él pensó en nosotros y nos planeó de manera creativa me hace maravillarme. Cada regalo y prueba que enfrentamos han sido diseñados cuidadosamente con un propósito. Podemos descansar sabiendo que Dios conoce íntimamente cada aspecto de nuestras vidas. Y es aún más maravilloso saber que nuestro futuro ya está escrito. Cuando estemos delante de Dios en el fin de los tiempos, ¡Él tendrá consigo nuestras historias escritas!

"Tus ojos vieron mi cuerpo en gestación:
todo estaba ya escrito en tu libro;
todos mis días se estaban diseñando,
aunque no existía uno solo de ellos."

SALMOS 139:16

Ya chiquito, no te alteres.

Quizá no veamos el desenlace de nuestras penas, pero podemos elegir descansar sabiendo que Dios nos ama, nos escucha y tiene buenos planes para nosotros. ¿Optarás por confiar en la promesa de Dios que dice que Él te ama y tiene un futuro y una esperanza para ti, o vas a llorar y a luchar como este tierno bebé? Yo sé que cuando decido confiar en Él, mi alma encuentra un gran consuelo. Aprende a descansar....

"Porque yo sé muy bien los planes que tengo para ustedes - afirma el SEÑOR -, planes de bienestar y no de calamidad, a fin de darles un futuro y una esperanza."

JEREMÍAS 29:11

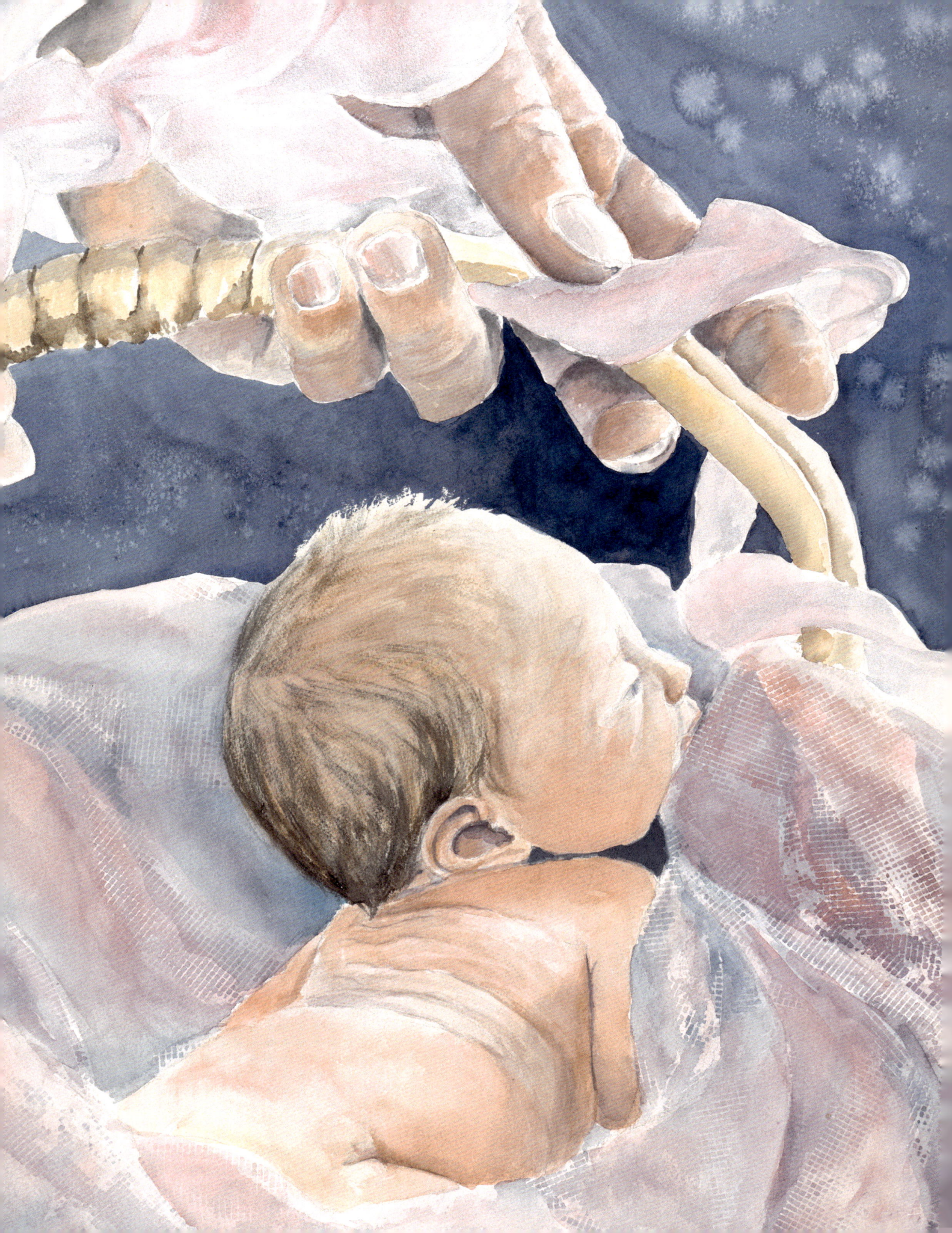

Tú eres el regalo
que Él nos dio.

¿Recuerdas la primera vez que viste a tu hijo recién nacido? Cada dedito y cada cabello te parecían invaluables y maravillosamente creados. Como padres, sentimos que nuestros hijos son los seres más hermosos que jamás hemos visto. Sin embargo, Dios (el creador de TODAS las cosas) nos llama "hijos suyos" cuando decidimos seguirlo. Nosotros somos hermosos ante Sus ojos, sin importar cuán llenos de pecado o poco atractivos nos consideremos. Podemos vivir una vida victoriosa cuando logramos vernos a nosotros mismos de la manera en que Dios nos ve:

¡hermosos, puros y justos!

Somos un regalo para Dios.

¡Es simplemente maravilloso contemplarlo!

"Dios nos escogió en él antes de la creación del mundo, para que seamos santos y sin mancha delante de él. En amor nos predestinó para ser adoptados como hijos suyos por medio de Jesucristo, según el buen propósito de su voluntad"

EFESIOS 1:4-5

Mami y papi te aman tanto. Nosotros te protegeremos a medida que crezcas.

Es fácil ver a nuestros hijos a los ojos y desear lo mejor para ellos.

A nuestra manera imperfecta, buscamos criar a nuestros hijos en un

ambiente propicio, los guiamos, y les brindamos amor y seguridad.

¿Cuánto más no hará nuestro Padre celestial por nosotros?

Las preguntas que debemos hacernos son: ¿Confiamos en Él? ¿Hemos

renunciado a tener el control de nuestras vidas que creemos tener?

¿Podemos pedirle consuelo y ayuda con toda confianza,

aun cuando no lo merecemos?

¡Sí podemos!

*"El SEÑOR está cerca de quienes
lo invocan, de quienes lo
invocan en verdad."*

SALMOS 145:18

Ya chiquito, no te exaltes;
Dios está cerca para aliviar tu dolor.

Cuando nuestros hijos lloran, hacemos todo lo posible por consolarlos.
¿No hará lo mismo por ti el Dios que te llama por tu nombre? Descansa
en la promesa de que Él te escucha y proveerá todas tus necesidades.
Nuestro Dios sonríe cada vez que tú decides simplemente confiar y creer
en Él... sólo aquieta tu alma… y DESCANSA.

> *"Así que mi Dios les proveerá de todo
> lo que necesiten, conforme a las gloriosas
> riquezas que tiene en Cristo Jesús."*
>
> **FILIPENSES 4:19**

Él siempre te cuidará;
Estará contigo en todo lugar.

¿Estás siendo guiado por Dios, o aún sigues tratando de salir adelante solo? No hay nada que Dios no conozca de ti, Él es digno de confianza. Podemos contar con Dios...aun cuando las respuestas sean "no" o "espera." ¡Quizá Él tenga algo mucho mejor de lo que podemos imaginar!

"SEÑOR, tú me examinas, tú me conoces.
Sabes cuándo me siento y cuándo me levanto;
aun a la distancia me lees el pensamiento.
Mis trajines y descansos los conoces;
todos mis caminos te son familiares."

SALMOS 139:1-3

Ya chiquito, no llores;
Dios te observa mientras duermes.

Aún recuerdo cuando observaba a mis hijos de meses mientras dormían

felizmente en mis brazos. Sentía que desbordaba de amor por ellos,

y finalmente comprendí el gran sacrificio que Dios hizo al renunciar a su

ÚNICO hijo por mí. De repente, la realidad de ese sacrificio se volvió tan

clara como el agua en aquellos momentos de silencio de las primeras horas

del amanecer. ¡Qué privilegio ha sido el tener hijos para poder entender

esto! Si enfrentamos dificultades en nuestras vidas, podemos encontrar paz

con toda certeza al entregarle nuestras pruebas a Dios.

"Daré de beber a los sedientos
y saciaré a los que estén agotados."

JEREMÍAS 31:25

Él es fuerte y a la vez es amable.
Siempre está pensando en ti.

¿Puedes escuchar el sonido de la risa de tu hijo mientras le das vueltas en tus brazos? A pesar de que mis hijos ya son mayores, e incluso uno ya está en la universidad, recuerdo esos momentos a menudo y atesoro cada recuerdo. ¡Dios nos disfruta de la misma manera! Él anhela que decidamos confiar en Él para que podamos encontrar consuelo y esperanza en una vida a Su lado. ¡Trata de reírte con tu Dios! Después de todo, ¡Él quiere que vivamos con gozo!

> "...y digan siempre:
> 'Exaltado sea el SEÑOR, quien se deleita
> en el bienestar de su siervo'."
>
> SALMOS 35:27B

Ya chiquito,
no tiembles.

Hay ocasiones en las que quisiera alejarme de Dios porque las cosas no salen a mi manera. Me rehúso a cederle el control porque creo tener todas las respuestas. Al igual que esta pequeñita, peleo y me retuerzo y lloro, pero Dios me sostiene porque sabe que es Él quien me cuida y quiere lo mejor para mí. Dios quiere que lo elija a Él y a Sus caminos. ¿Peleo o confío?

¿Qué eliges tú?

"Confía en el SEÑOR de todo corazón,
y no en tu propia inteligencia.
Reconócelo en todos tus caminos,
y él allanará tus sendas."

PROVERBIOS 3:5-6

Dios guiará cada
paso que tomes.

Cuando pienso en que el Señor se llama a Sí mismo el "pastor" que me guía, ¡quedo maravillada! Los pastores guían a sus ovejas hacia pastos seguros, las protegen de los animales salvajes, e incluso arriesgan sus vidas por ellas. Tiene mucho sentido seguirlo, ¿no lo crees?

"El SEÑOR es mi pastor, nada me falta;
en verdes pastos me hace descansar.
Junto a tranquilas aguas me conduce;
me infunde nuevas fuerzas. Me guía por sendas
de justicia por amor a su nombre.
Aun si voy por valles tenebrosos,
no temo peligro alguno porque tú estás a mi lado;
tu vara de pastor me reconforta."

SALMOS 23:1-4

Él siempre será tu amigo;
Estará contigo hasta el fin.

Qué gran consuelo es saber que como creyentes, estamos seguros en las manos del gran Dios que creó el cielo y la tierra. ¿Estás buscando la esperanza y las respuestas que te brinden paz? Deja de luchar contra Dios y aprende a confiar también en Él. Si nunca le has entregado tu vida a Dios, ¡te aseguro que es la mejor decisión que puedas tomar!

El SEÑOR le hizo una promesa
a Sus discípulos antes de partir y ascender al cielo,
y es la misma promesa que nos hace a ti y a mí:
"Y les aseguro que estaré con ustedes siempre,
hasta el fin del mundo."

MATEO 28:20B

Porque tanto amó Dios al mundo
que dio a su Hijo unigénito,
para que todo el que cree en él
no se pierda, sino que tenga
vida eterna.

JUAN 3:16

¿No son maravillosas las promesas de Dios y Su amor por nosotros? Ahora que has leído más acerca de ello, ¿por qué no dar el siguiente paso? Si eres un creyente y aún sigues tratando de vivir la vida por tu propia cuenta, ¿quizá sea el momento de renovar tu compromiso con Dios y pedirle que asuma el mando de tu vida? ¡Ahora es un buen momento para hacerlo! ¿Por qué no hablas con Dios acerca de esto ahorita mismo?

Por otro lado, es posible que la historia del amor de Dios para ti sea algo nuevo. Si no conoces a Dios de manera personal, ¡puedes decidir caminar con Él a partir de ahora! Puedes hacer una oración sencilla parecida a esta:

Señor, sé que no te he seguido, necesito tu perdón. A partir de este día decido renunciar a mis pecados y aceptar a Jesucristo como mi Señor y Salvador personal. Te pido que envíes a tu Espíritu Santo para que me guíe, me llene de Tu plenitud, y asuma el control de mi vida. Gracias por hacerme tu hijo y por amarme como mi Padre celestial. Amén.

Asegúrate de contarle a alguien tu decisión de seguir a Jesucristo.
¡A mí también me encantaría saberlo! Envíame un correo electrónico a:
hushabook@gmail.com

Ser artista es uno de los mayores gozos de mi vida, ¡al igual que el ser madre y esposa! En los últimos 18 años, he visto con gran asombro cómo el Señor me ha brindado trabajo y me ha desafiado a hacer un sin fin de cosas que yo creía imposibles, desde crear grandes murales elevados, dar clases a adultos y niños de todas las edades, hasta ilustrar las pinturas en acuarela para este libro. He aprendido mucho con Dios como mi mentor. He tenido que aprender a apoyarme en SU pericia y sabiduría en todo. La Palabra Santa de Dios nos dice que nadie puede ver el rostro de Dios y vivir para contarlo, así que quise capturar Su carácter pintando manos amorosas, poderosas, y trabajadoras en estas acuarelas de niños. Creo que Sus manos nos dirían mucho acerca de nuestro gran Dios. ¡Él es grande y poderoso, y está obrando a nuestro favor!

Mi mayor aspiración como artista es revelar la verdad al mundo a través de lo que Él ha creado.

"Porque desde la creación del mundo las cualidades
invisibles de Dios, es decir, su eterno poder y su naturaleza divina,
se perciben claramente a través de lo que él creó,
de modo que nadie tiene excusa."

ROMANOS 1:20

Reseñas

"Creo que las palabras que usamos con nuestros niños importan. Descansa es un libro cautivador que le brinda a cada padre y abuelo la oportunidad de hablarle a sus hijos acerca del amor y la esperanza de Dios."

MANDY ARIOTO
Presidente y Directora Ejecutiva - MOPS International
(Madres de niños en edad preescolar)

"Al entrelazar versículos bíblicos conmovedores con pinturas magníficas y cautivadoras, Verónica Lake nos invita a tener una conversación sincera y a la vez dirige nuestra atención hacia un Dios personal que nos ha creado a imagen Suya y nos atesora como hijos profundamente amados. Descansa es un hermoso recurso que promueve interacciones significativas centradas en la verdad entre padres e hijos, así como abuelos y nietos."

MICHELLE WATSON, PH.D., L.P.C.,
AUTORA, *"Dad, Here's What I Really Need from You"*

"¡Me encanta este libro! Las tenues pinturas en acuarela de bebés unidas a las hermosas palabras de Verónica Lake me hacen anhelar tener a mis propios hijos en brazos nuevamente. Lo compraré para compartirlo con mis nietos."

JEANNIE ST. JOHN TAYLOR
Escritora Superventas e Ilustradora de más de 25 libros para adultos y niños.

"Ilustraciones bellamente pintadas acompañadas de hermosas palabras llenas de discernimiento y verdad que seguramente alentarán a todo corazón que las lea y escuche la música (incluye la descarga gratuita de la canción.) Es un libro que todo padre y abuelo debe tener, y un excelente obsequio para regalar."

SUZANNE FREY
Autora, *"Amazing Modern-Day Miracles - 52 True Stories to Strengthen Your Faith"*

"Este hermoso y reconfortante libro capturará los corazones tanto de jóvenes como adultos."

ANN TSEN, MD
Coach De Médicos

"Como artista, me siento atraída a las encantadoras pinturas que la artista y autora Verónica Lake ha plasmado en las páginas de este único y conmovedor libro. Las pinturas de los niños respaldan las verdades inspiradoras y poéticas que dan quietud al niño y sosiego al corazón del lector."

JO REIMER
Artista Profesional, Maestra, Escritora

"Descansa: Un Cuento Para Ti y Para Tu Hijo es una narrativa gratificante acerca de la fe que la autora tiene en el Señor, que a su vez aplica este don de fe a la crianza de los niños."

LINDA NYE
Artista Profesional y Antigua Presidente de la Sociedad de Acuarelas de Oregon

"Las pinturas de niños pequeños de Verónica Lake son cautivadoras y demuestran un amor por los niños. Descansa: Un Cuento Para Ti y Para Tu Hijo es claramente el resultado del viaje espiritual personal de Verónica hacia una mayor apreciación por Dios como Padre. Sus pinturas son cautivadoras."

MICHELLE WINTER
Artista y Misionera con A.C.T. Intl.

"¡Enternecedor y Alentador! Un libro maravilloso que te llevará a un viaje inspirador de fe, amor, y esperanza."

GABY VIESCA
Pastora de Mujeres en Cedar Mill Bible Church

"El arte impresionante y las preciadas devociones que acompañan la Palabra de Dios será de bendición para todo hijo de Dios, tanto joven como adulto. ¡'Descansa' es verdaderamente un cuento para ti y para tu hijo!"

PAUL RICHTER
Pastor del Ministerio de Niños y Familias en Cedar Mill Bible Church

"Este es un cuento integral para niños, jóvenes, y adultos de todas las edades y en todas las etapas de la vida. Las palabras resaltadas en la parte superior de cada página son reconfortantes para el niño. La sección media de cada página provee esperanza para aquellos que están pasando por momentos difíciles, o incluso algún tipo de rehabilitación. La parte baja de la página ofrece la inspiradora Palabra de Dios con todas Sus promesas y la esperanza que Él le brinda a aquellos que en Él confían. Este es un libro cautivador con ilustraciones entrañables e imperecederas que tienen como propósito transformar vidas. Como padre, y ahora como abuelo, puedo decir de todo corazón que éste es el regalo perfecto para cualquier padre o abuelo."

JOHN HAMILTON
Pastor De Adultos en la Tercera Edad y Atención Pastoral en Cedar Mill Bible Church

Made in the USA
Lexington, KY
01 June 2018